AF282854

José Antonio Galante Pérez

HAIKUS EN EL CAMINO

© José Antonio Galante Pérez - *Haikus en el camino*

© Editorial La Rueca

www.editoriallarueca.com

Primera edición: marzo 2024

ISBN: 978-84-19865-62-5

Depósito Legal: M-7621-2024

Impreso en Madrid - España - UNIÓN EUROPEA

HAIKUS EN EL CAMINO

¿Por qué haikus? El haiku es una composición poética simple, elaborada, en su versión canónica y tradicional, por tres versos con una estructura de cinco silabas o "moras" en el primer y último verso y siete silabas en el segundo verso, el central.

Tiene su origen en el mundo oriental, concretamente en el Japón del budismo zen y el taoísmo, reflejado en los proto haikus del siglo VIII con la recopilación de poesía tradicional japonesa llamada Manyōshū y, posteriormente, esta tradición poética, fue ampliamente difundida y consolidada, dentro de Japón, a partir del siglo XVII.

La brevedad y la concisión obligan a condensar, sin un gran ropaje de palabras, un mensaje que no deje indiferente. Son 17 silabas de luz y desnudez, un pedazo breve, pero auténtico, del mundo de los sentidos.

Llegados a este punto, no me puedo resistir y, tendré que contar una breve historia que pueda explicar el porqué del uso de haikus en este libro de *"Haikus en el camino"* y de tomar prestado su poético lenguaje. La historia dice así:

Es invierno, imagino a un viejo poeta peregrinando de café en café, de garito en garito, descansando, en su torpe caminar, en los bancos de calles y parques. Llevando un paraguas que le sirve de bastón para los días clementes y de techo en los días llorosos y grises. Guantes, bufanda y gorro por si llega el cierzo y un acogedor abrigo largo de lana protegiendo los huesos.

También se le ve con su vieja cartera de piel que lleva a modo de bandolera y en su interior, un par de cuadernos, lápices y plumas, un reloj con la correa rota y un puñado de otras cosas, fotos y recuerdos que abultan poco en la cartera, pero que significan mil universos vividos y sentidos.

Y le vemos, dependiendo de la hora y el ánimo, tomando un café, un vermut, un oporto, un whisky o un vino, mirando al suelo y alguna rara vez al cielo, y las más, la mirada perdida, salvo cuando empieza a escribir, brotando los versos como la hierba en las grietas de los bordillos.

Son versos cortos, impulsos y escalofríos, destellos y fogonazos que iluminan la Oveja Negra, Beerland, Seis son Seis, Ragtime, Taberna 7, Moonlight, Martilota, Whisky Viejo o El Casino, soportales protectores de la avenida de la Independencia o la calle Mayor, calle Alfonso o la calle de Santiago, las plazas de los Sitios, San Francisco o Salamero, plaza Cervantes o la de los Santos Niños, donde el poeta escribe sentado en sus barras y mesas, un banco o en una de sus terrazas.

Es en ese contexto y es en ese viaje donde el viejo poeta se agarra a los haikus como si fueran la luz de un faro para evitar chocar con los acantilados y poder hacer pie en playas o arribar a puerto seguro.

Esta es, por tanto, la historia de un viejo que andaba y pensaba, escribía y recordaba, dónde a través del haiku, destilaba la vida y tras dejarla madurar en barriles usados de roble, se servía un sorbo de nostalgia.

Cada haiku de este poemario son teselas de un mosaico y, en su variedad desordenada, se encuentra el sentido del peregrinaje del cansado poeta.

En el camino de los sentidos y los recuerdos se avanza encontrándote cosas nuevas o reencontrándote con el pasado, pueden ser acontecimientos buenos y sueños por cumplir o cosas malas y pesadillas que se agarran al ser sin dejarle respirar.

Estos pedazos esparcidos por el suelo, sin guardar un orden o un sentido temático, son los haikus de este poemario, desperdigados fragmentos de lo vivido, que se pueden leer en cualquier orden, de principio a fin o a la inversa, incluso al azar, porque todos los haikus son parte del mismo camino.

¿Fue una huida?
Haikus en el camino
Pisando charcos.

29 de septiembre 2023

Ser el indigno
que debe cruzar el río
y ser juzgado.

Debo rendirme
por aires del Moncayo.
Cierzo, llévame.

Dejé de brindar
y molesto al barman.
Me sacan del bar.

Recé por ella
penando mis pecados.
No cabe perdón.

Playas de Cádiz
la reina de poniente
que sonríe al sol.

Vas de la mano
de un tipo suertudo.
Soy un tullido.

Dejé de comer
perdí el apetito.
Hambre de ti.

Dejé de viajar
y paré de sufrir más.
Pesado equipaje.

Pena, silencio
triste recogimiento
amargo callar.

Es Tito whisky
noble druida del roble
patrón y leyenda.

Rompí la copa
fingí en un garito
perdí el ancla.

Ya no duermo
sueño en mi insomnio
que me olvidas.

Eres tan feliz
que me duele robarte
átomos de ti.

Fue un camino.
Mis pasos te cansaron
y yo con ellos.

Yodo y turba.
Le supo a derrota
un par de whiskys.

Es un lamento
escarbar en un hoyo
guerras perdidas.

No soy Pessoa
sí…su oscura sombra
bebiendo vino.

Un latigazo
se me antojó poco.
Flojo castigo.

Ver el ocaso
perdido, sin dignidad.
No ando, repto.

Un desterrado
un apátrida sin ti.
Soy un nómada.

Vi muchas luces
y todas me cegaron.
Nunca vi claro.

Un apóstata
de besos y sonrisas.
Torpe hereje.

Libros quemados
en cubos de basura.
Cartas en blanco.

Fuiste agua
y un río que va al mar.
Todo se secó.

No hay tiempo
olvidé las sonrisas
en el pasado.

Es tu trabajo
y me sentía seguro.
Hoy es fracaso.

Hice un coctel
mezclé tus dulces besos
con mucho hielo.

Te veo muy feliz
en un hermoso final.
Cayó el telón.

Triste soledad
caen hojas del árbol
siendo humus.

Rota la roca
fisuras del tiempo.
Alma quebrada.

Alma en pena
se mira en los charcos
de sus lágrimas.

De todo me fui
y nada necesito
solo limosnas.

En un delirio
habito en el mundo.
Triste okupa.

Soy viajero
a lomos de la pena
y la tristeza.

Viaje corto
llegué a la melancolía
sin vuelta atrás.

Dejé de girar
alrededor de tu sol.
Planeta muerto.

Pagas la deuda.
Años estando juntos
ya eres libre.

Comí contigo
me llené de tus besos
y tengo hambre.

Casa de papel
la hoguera espera
a ser ceniza.

Maté el amor
que hubo entre los dos
soy un lamento.

Te quise tanto
que no puedo olvidar.
Me odio tanto.

Suena el móvil
no eres tú quien llama.
Inmensa pena.

El infinito.
El espanto de perder
andar contigo.

Dando lastima
es el mejor momento
que yo merezco.

Un relámpago
me quema las entrañas.
Brasas mojadas.

En un futuro
veo el paso de los años.
Me has borrado.

En un pasado
desentierro los años
y no avanzo.

Un basurero
todo huele a muerto.
Estercolero.

Ladra el perro
me enseña los dientes
tengo que irme.

Fue una canción
baile desesperado
solo de saxo.

Suenan sirenas
son ecos de trompetas.
Apocalipsis.

Lamentos de jazz
Dalmore en la copa
lágrimas sin más.

Es tierra plana
pero muy inclinada
hacia la nada.

Y todos se van
alejándose muy lejos.
¡No! he sido yo.

He patentado
la máquina del error
salen en serie.

Conspiranoico
desbrozando mentiras
tapando grietas.

Vela sin llama
vida sin esperanza
vivir oscuro.

Oigo la nada.
Respirando sin aire
siento el vacío.

Pasan las horas
perdido en los años.
Jamás regresó.

Es un delirio
volver a tropezarse
al borde del vacío.

Mil relámpagos
destruyen lo humano.
El final llegó.

En una agenda
se dicta felicidad
sin identidad.

No son personas
desintegrada el alma
y no ser nada.

Ceniza negra
fui envuelto en llamas
no quedó nada.

¡Estás tan lejos!
No me lees, ni me ves.
Soy muy pequeño.

Me tambaleo
cayó parte del muro
¿El resto? Pronto.

Playas de Cádiz
tus ojos de sal brillan
ríes de nuevo.

Fue un Dalmore
el que abrió el baúl
de tus recuerdos.

Un sueño azul
caminar por el cielo
con un Blue Label.

Fue Lagavulin
y un trozo de turba
es milagroso.

Tierra quemada.
Tus manos implacables
rozan mi cara.

Fue un rezo
plegaria a tu cielo
sin respuesta.

Desconectado
solo sobre la cama
acurrucado.

Solo fachada
en el interior nada
un desencanto.

Dame tu mano
siente como se rompe
mi esperanza.

Tú, arco iris
infinitos colores
yo, nubarrones.

Tarta de higos.
Maga amasando luz.
Es un milagro.

Fui arqueólogo
fui, porque dejé de ser
dejé de estar.

Dejó de luchar
patético cobarde
dejó de amar.

Las tierras altas
son dignas y valientes
no de traidores.

La oscuridad.
Sin luz, apagándose
nuestro amor.

Llevé antorcha
no fue para iluminar
fui pirómano.

Habló de amor
mis manos en tu pelo
y no me oyes.

Ecos lejanos
susurros tatuados
me dices…cari.

Qué frío hace
hielo insoportable
tan lejos de ti.

No pido whisky
estando lejos de ti
pido botellas.

Descongelado
el amor envasado
ha caducado.

Bubu no maúlla
tumbado boca arriba
mira la luna.

La bruja blanca
de ojos encendidos
salva el mundo.

He naufragado
enciendo hogueras
que no ve nadie.

Solo un necio
creé que el pasado
no se ha ido.

Pesado lastre
anclado a errores
que más te hunden.

Huele a turba
que se reúne con dioses
mientras se pudre.

Golpe de buril
piedra contra la piedra
sílex dorado.

Pinto la roca
viajo en el tiempo
ocre divino.

Llora Sinatra
el mundo se acaba
sin esperanza.

Botella rota
un puzle de cristales
whisky con alma.

Me he dormido
despertaste sentidos
fue hace tanto…

Rozo poemas
en un lugar perdido
entre tus pechos.

Siempre libre
por ti encadenado.
Fue un delirio.

Mi paradoja
es haberte amado
e irme lejos.

Hermenéutica
interpreto la senda
solo muriendo.

Me abandoné
un cartel en la calle.
Me dan limosna.

Una foto tuya
está en la cartera
es mi fortuna.

Fue un milagro
sí, descubrir el mundo
y de tú mano.

Roto el cielo
el sol se ha ido lejos
tus ojos con él.

Ya no me hablas
escucho tus silencios.
Los imagino.

Te veo muy lejos
sé que ya no me sientes
amas de nuevo.

Tipos como yo
bachean los caminos
con grandes hoyos.

Playas de Cádiz
con vallas y fronteras.
No puedo pasar.

Manos ásperas
arañan tú espalda
rasgan tú alma.

Un hombre solo
en noches sin estrellas
bebe Dalmore.

Olvidé vivir
no amanezco contigo.
Busco tú olor.

Anhelos secos
apagados deseos
copas vacías.

Mía fue la fuga
de la que me arrepentí
sin consuelo.

No tuve valor
ha sido una huida
atropellada.

No debo hacer
la ofrenda de frutos.
No lo merezco.

Mintiendo sin fin
Palabras que dan asco
No valgo nada.

Dejé de hablar
¿Para qué decir nada?
Nadie escucha.

Oigo el eco
de ridículas cosas
habladas por mí.

No me llamaste
no has necesitado
oír mis lamentos.

Piso las ruinas
de lo que fue pasado.
Nuestros abrazos.

Has olvidado
las veces que quisiste
estar conmigo.

Todo es cutre
mis cansinas derrotas
apagan la luz.

Vestido azul
el cielo de tu amor
me lo abriste.

La decadencia
senda inevitable
de mi destino.

Poeta ladra
palabras descarnadas
que nadie lee.

Poleo menta
una vida en una taza
que olvidaste.

Tarta de higos
siempre es un milagro
hecho a diario.

Comes marisco
mis ojos se empachan.
Sabes a playa.

Fue una madeja
mis amargos bocados
sobre el plato.

Si me llamas hoy
creeré en milagros
y en el amor.

En cada calle
te siento siempre
no te olvido.

Siento rabia
no dejan hacer poemas.
Tengo que luchar.

Me enterraste
hiciste epitafio
y olvidaste.

Un lanzallamas
inflama el pasado.
Alma quemada.

Tú te alejas
en sentido contrario.
Soy un fósil.

No me odias
no recuerdas los besos
soy un extraño.

Soy el vasallo
sin rey de la isla Bouvet.
Un solitario.

Faro de Islay
colecciono vientos
y sorbos de whisky.

Mujer perfecta
reina de los silencios
dejó de hablar.

Agua de vida
a la sombra del roble
milagro destilado.

Tan derrotado
que solo hago haikus
al son de Aute.

Tan apagado
sin la luz de tus ojos
y sin tus besos.

Tipo absurdo
veleta sin viento.
Intrascendente.

Mal boxeador
esquinas y cuerdas
tira la toalla.

Océano de bares
sin whiskys ahumados
no los conocen.

Naipes sin ases
saberte en silencio
poemas sin versos.

No hay llamadas
y los sueños son citas
imaginadas.

Todo asombro
ante un mundo loco
que es un teatro.

Flores y frutos
ofrendas a la Madre
nada más grande.

Estás tan cerca
que te llevo muy dentro
y yo tan lejos.

Un bombardeo
asoló todo mi ser
fui un cobarde.

No me extrañas
no sabes quién fui
y no sufres más.

Tus ojos reían
en hermosos inicios
levitábamos.

Fue un milagro
tú hermosa cintura
entre mis manos.

Un… ¡Pero cari!
Era feliz de ser tuyo.
Un suertudo.

Sé la ciudad
la calle y el portal.
No te encuentro.

Perdí tus besos
en un pozo profundo
negro, sin agua.

Una obsesión
erosiona el alma
te siento lejos.

Estoy sin aire
sin ti y sin tus besos
¿Dónde estás?

Autodestrucción
un destino cumplido
fue muy sencillo.

He recorrido
mil veces el camino
con mismo final.

No hay voluntad
es pura pirotecnia
un fogonazo.

Ojos al suelo
no entiende que pasó
solo da pena.

Tengo hambre
eras salsa de un guiso
no queda más pan.

Ando perdido
por el confín del alma.
Vacía esencia.

Miras y callas
se apagó el cielo
es todo negro.

Me partí en dos
jamás me recompondré
da todo igual.

Sentí el caos.
Un libro en portería
a la basura.

Ser un mendigo
dormir en un albergue
es el destino.

Fui apartado
al mundo de las sombras
a vivir solo.

Déjame besos
recuerdos en un libro
y tú olvido.

Feliz sin él
plena, vuelves a sonreír
ligera vuelas.

No tengo nada
tu rostro en un cuadro.
Eso es todo.

Las mismas cosas
terminar sin empezar.
Estoy tan harto.

Vuestras risas
sobre el patíbulo
son mi tormento.

Un poema quema
versos de un pasado.
Solo ceniza.

He visto cielos
en todos los caminos
que tú pisaste.

Lo dije poco
me he quedado corto
palabras rotas.

No me enteré
no supe lo que hacer
ya es muy tarde.

Basta de todo
miro la lluvia caer
solo, me mojo.

Fue el Seis son Seis
siempre una gran familia
sed de alegría.

Miguel y Juan
dos guías de libertad
orgullo y paz.

Un lienzo blanco
se pinta con el alma
de mil arcoíris.

Esa barra de bar
fue un puerto seguro
sano y plural.

En un pasado
todo era inocencia.
No olvidamos.

Sensibilidad
un cuadro en la pared
llorar y amar.

Reloj único
son Quijote y Sancho.
Buscan la bruma.

Es la Magistral
dónde empezó todo
desde su cripta.

Vía Augusta
unió nuestros destinos.
Hoy solo ruinas.

Un Ecce Homo
ermitaño cansado
de las sombras.

La Oveja Negra
callejón de milagros
copas y besos.

Alcalá noche
siempre está con vida
y tú con ella.

Es mi patria
la gris melancolía
Dios lo sabe.

Ocho mil años
el tiempo respirando
turba y whisky.

Me acomodo
en un sofá raído.
Me he rendido.

Un maridaje
tus besos y los míos.
Plato sabroso.

Dejas de leer
feas palabras huecas.
Mimas tu alma.

Viaje extraño
en el tiempo pasado.
No queda nadie.

Leí Pessoa
sentí el abandono.
Bebí ginjinha.

Contacto cero
ser la sombra sin luz
sol apagado.

No me perdono
y no tengo motivos
solo escusas.

Fue dejar solo
el corazón cerrado
con un candado.

Duermo solo
muy lejos de los sueños.
Una pesadilla.

Duelen los huesos
y no es por la vejez
es el olvido.

Remordimientos
sin haber aprendido
he suspendido.

Me dejé barba
a ti no te gustaba
a mí tampoco.

Sonrisas de bar
son una gran mentira
como mi vida.

Guardé tus besos
solo eso poseo.
Soy millonario.

Soltaste lastre.
Me duele tanto irme.
Sigo atado.

Hace tiempo
olía flores y tu pelo.
Fue hace tanto.

Espero solo
una señal del cielo
bajo el suelo.

Me he rendido
siempre pasa lo mismo
y tú lo sabes.

Sentir la nada
ver la corriente del río.
Se va la vida.

Es el tiempo.
Alguien toca un piano
suena un réquiem.

Fue cancelado
el tiempo del encuentro
no hay palabras.

Silencios duros
son bosque invernal.
Hielan el alma.

Quisimos hablar
de volver a empezar.
Sueño irreal.

Interminable
el final nunca llega
y sigo vivo.

Hazme un caldo
me quedé en los huesos.
Te amé tanto.

Mundo pequeño
donde soy un extraño
no me conocen.

Un final feliz
esas cosas no pasan
y menos a mí.

Un terremoto
tormenta en el cielo
eran tus pechos.

Y me salvaron
si tú no estás aquí
dioses del cielo.

Suena un blues
siempre estás conmigo
y nos besamos.

Tú no me ves más
como si no existiera
soy invisible.

He sido torpe
opositor al desastre
un Inmaduro.

Los días sin sol
son ahora mi hogar.
Todo oscuro.

La digestión
fue larga y penosa.
Soy un reflujo.

Dormí siesta
y despertamos juntos.
Todo acabó.

Dejó de llover
estando a mi lado
tus ojos son sol.

Pies heridos.
Se borran los caminos
de lo perdido.

Tiempo de haiku
solo en un garito
tiempo de nada.

Soy la carcoma.
Podridas las raíces
por fin, carroña.

En algún tiempo
que ya he olvidado
fui tú poeta.

Poleo menta
infusión de lágrimas
y desengaños.

Estoy muy lejos
alejándome de ti.
Estoy tan solo.

Rompo el orden
al cruzar el río Ebro.
No quedan puentes.

Queda por siempre
muescas de lo sentido.
Eternamente.

Extraño tanto
mis manos en tus brazos
que ya no soy yo.

¿Demoler todo?
No deja tu recuerdo
y yo, no puedo.

Dame señales
aunque no las vea
y sea muy tarde.

Dejé de verte
no estás en mis brazos
son sueños rotos.

¿Qué fui? No lo sé
dejé de saberlo
cuando me perdí.

Oigo una jota
y agacho la cabeza
porque no estás.

Leo poemas
recito mis errores
entre lágrimas.

Tuve la suerte
de entrar en tú vida
fui un suertudo.

Quito las capas
excavo el pasado.
Vida estéril.

Miré tus ojos
guardé cada momento
para recordar.

No te olvido
ese es mi tormento
todos los días.

Caí al asfalto
sin fuerzas para luchar.
No me levanté.

Te quise tanto
que fue un gran pecado
no levantarme.

Hermenéutica
nostalgia y fracasos
no hay nada más.

Cayó el cielo
escombrera y polvo
alma en ruinas.

Lloraste tanto
por el daño causado
que no existo.

Deprime callar
angustia por no verte
sordo sin oírte.

Llueve sin parar
me hundo en los charcos
de mis lágrimas.

Y si te fuiste
nunca debes regresar.
Ya no te aman.

Decepcionante
camino sin sentido.
Fui un fraude.

Volé muy alto
al soñar demasiado
Caí muy rápido.

Debajo estoy,
soñando que revivo,
de tu ventana.

Tiempo de haiku,
solo en un garito.
Tiempo de nada.

Nada es igual
se acabó el tiempo
que no empezó.

Te quise tanto…
jamás me perdonaré
irme sin más.

Dudé si hablar
me costó escribirte
no respondiste.

Estuve roto
aún siguen los pedazos
sin arreglarse.

Quiero emigrar
al fondo de un baúl
para no volver.

Receté whisky
para sanar y soñar
y no olvidar.

Crece el Ebro.
Sentado en su orilla
se va la vida.

Dalmore doce
es una gota de ámbar
con tus besos.

Pobre caliza
erosionada por el olvido.
Así es, nada más.

Soy arenisca
el viento del silencio
me pulveriza.

Solo en el bar
patética derrota
bebo sin brindar.

Nadé sin fuerzas
a orillas del tiempo
por si estabas.

Buscando la luz
abandoné las sombras
de mi pasado.

Generan miedo
en débiles rebaños.
Son ya esclavos.

Perdí el valor
sin saber lo que tenía…
Lo perdí todo.

Dejé de dormir
en el cruel insomnio.
No te puedo soñar.

Busco veneno
para matar los miedos
y los pecados.

Mirando el río
empecé a extrañar
antes de irme.

A cada paso
deshago el camino
de lo vivido.

Busco los poemas
con el alma callada
y extraviada.

Un marginado
pasea por las afueras
de tus anhelos.

Cierzo tatuado
no olvidaré nunca
que fui amado.

Torre de la Seo
haz doblar las campanas
por las derrotas.

Me lo dijiste
tu respuesta fue clara:
ETERNO SILENCIO.